LK 7/1196

BÉNÉDICTION

SOLENNELLE

DU

BOURDON DE LA TOUR DE PEY-BERLAND

PAR S. ÉM. LE CARDINAL-ARCHEVÊQUE DE BORDEAUX

le 8 août 1853.

Nous avons eu, le 8 août, à Bordeaux, une de ces solennités religieuses et populaires qui laissent des impressions ineffaçables dans le cœur de tous ceux qui ont le bonheur d'en être témoins, quelles que soient d'ailleurs leurs opinions.

Son Éminence Monseigneur le Cardinal-Archevêque a béni solennellement la Cloche nouvelle du Puy-Berland.

Par une heureuse coïncidence, prévue sans doute et dont tout le monde a senti la portée, cette magnifique cérémonie avait lieu le même jour, à la même heure peut-être, où, soixante ans auparavant, des barbares, après avoir profané nos églises, mutilé ou détruit leurs chefs-d'œuvre, dépouillèrent notre belle Tour de sa gloire, en abattant la flèche si gracieuse qui la surmontait, comme si, pour vivre, l'homme, la famille, la cité, la patrie avaient besoin de détruire tout ce qui leur rappelle l'idée de Dieu. Aussi, s'il y eut alors des cris de joie sauvage, ils vinrent d'un petit nombre, la plupart étrangers. Tout ce qu'il y avait à Bordeaux de citoyens bons et honnêtes fut attristé.

Hier, au contraire, la fête était complète. Elle était générale. Elle s'adressait à tous. Elle éclatait sur tous les visages. Elle invitait les étrangers eux-mêmes, surpris de se voir interrogés à la sortie du chemin de fer : « Vous venez pour la belle Cloche ? » Et, de loin, on leur montrait, dominant tous les édifices, la Tour de Pey-Berland avec ses flammes tricolores agitées par le vent. Elles s'échappaient légères de ces nouvelles et gracieuses fenêtres gothiques dont la blancheur trahit un peu trop la jeunesse, mais qui seront en harmonie parfaite avec le reste du monument dès que le temps leur aura donné sa couleur.

Sur la place, une estrade était élevée, et la façade de la Tour, décorée avec un goût exquis. A droite et à gauche, deux écussons d'or, couronnés de feuilles de chêne, portaient deux dates et deux noms qui seront également liés désormais à l'histoire du Puy-Berland : — 1443, Pey-Berland ; — 1853, Ferdinand Donnet. Au milieu, surmonté d'une aigle aux ailes déployées, ces mots qui résument bien toute la fête : *Laus Deo*.

La porte de la Tour, enrichie de tentures de soie et d'or, s'entr'ouvrait gracieusement entre deux rideaux de dentelles, et laissait apercevoir dans le lointain, couvert de draperies et de fleurs, le roi du jour, le magnifique Bourdon.

Bien avant l'heure fixée, la place était déjà occupée par une foule nombreuse. Les estrades et les enceintes réservées étaient remplies. Tous les balcons et croisées des maisons voisines se paraient de mille têtes ; les toits, les clochers, les tours de la cathédrale elle-même, s'animaient de nombreux et intrépides spectateurs.

Quatre heures sonnaient à peine, quand, aux sons de la musique guerrière, précédé de la croix, d'un clergé nombreux, du chapitre primatial, parut Son Éminence Monseigneur le Cardinal-Archevêque, revêtu de ce superbe manteau de pourpre qui rehausse la blancheur éclatante de ses cheveux.

Aussitôt le silence se fit dans cette grande multitude, et chacun prit sa place : au pied de l'estrade, les autorités militaires, judiciaires, administratives, commerciales, universitaires ; à gauche, les chantres et les nombreux enfants de chœur de la Primatiale ; à droite, la musique militaire, qui alternèrent leurs harmonies pendant toute la cérémonie.

Tout le monde sait que l'Empereur et l'Impératrice avaient daigné accepter le titre de parrain et de marraine de notre Cloche, faveur dont Bordeaux est fier. Ils étaient représentés par M. le Maire et Mme la Première Présidente, placés sur deux siéges d'honneur. Nous avons pu suivre avec intérêt, quoique d'un peu loin, la suite des belles et touchantes cérémonies que l'Église emploie dans la bénédiction des cloches. Nous avons entendu les prêtres réciter les psaumes de la pénitence. Nous avons vu l'Archevêque exorciser la

Cloche, la marquer de l'huile sainte, lui imposer un nom, et le premier en faire sortir solennellement des sons qui ne pourront qu'émouvoir nos âmes, lorsque, suspendue dans les airs, elle se balancera à grandes volées. Aussi, à ce moment, les cris de la foule ont trahi son enthousiasme, que le respect pour une cérémonie religieuse ne pouvait plus contenir.

Mais ce qui nous a frappé plus que la fête elle-même, c'est le discours qui l'a terminée, ce sont les belles et magnifiques paroles que Son Éminence Monseigneur le Cardinal-Archevêque a adressées à son peuple, avec cette chaleur de cœur, avec cette force de voix, avec cet élan noble d'éloquence, cette élévation de pensées que lui donnaient sans doute la vue de cette multitude attentive, le souvenir des peines qu'il avait eues pour lui faire présent non seulement de ce puissant Bourdon, mais encore de la Tour monumentale qui doit l'abriter, et les sympathies profondes d'un auditoire innombrable suspendu à ses lèvres. C'était, vraiment, un beau, un grand spectacle. — Sous un ciel sans nuage, au milieu d'une place où tous les habitants d'une grande cité semblaient s'être donné rendez-vous : le silence se faisant peu à peu ; toutes les intelligences, tous les cœurs, tous les regards tournés vers le Cardinal ; lui seul debout, dominant tout, plus encore par l'autorité de sa parole que par la dignité de son caractère, et trouvant, dans ce moment solennel, de ces inspirations élevées et profondes qui ont, à plusieurs reprises, fait couler des larmes de joie et d'émotion, et fait courir parmi la foule elle-même de ces frémissements sympathiques qui, ailleurs, se seraient sans doute traduits en applaudissements.

Nous avons cependant, au milieu de nos émotions, éprouvé un regret bien vif : c'est que toute l'assemblée n'ait pas pu entendre aussi bien que nous toutes ces belles paroles, et notre regret est plus vif encore en apprenant que ce discours ne sera pas publié.

Nous livrerons à nos lecteurs les notes prises à la hâte, quelques passages que nous avons pu saisir au vol. Et pour qui ne les a pas entendus, ce ne sera qu'un bien faible écho ! Au moins, ce sera un souvenir. Voici les premières paroles du discours :

« Dieu, Nos Très-Chers Frères, peut se passer de l'humble demeure que lui élève la main de ses enfants : il remplit tous les lieux de son immensité ; mais qui ne sait que la piété a besoin du secours des formes extérieures, des images sensibles, pour se ranimer et pour se soutenir?

» En apercevant de loin les flèches élancées de nos vieilles cathédrales, notre cœur est ému, nous pénétrons, avec les yeux de la Foi, dans le sanctuaire béni, et nous sommes forcés de nous écrier avec le roi-prophète : *Que vos tabernacles sont beaux, Dieu des vertus! Que vos tentes sont magnifiques, ô Israël!*

» De là, la vertu puissante du culte catholique ; de là, les vives impressions produites par tout ce qui concourt à l'éclat de nos cérémonies, depuis les vases d'or et les riches décorations du sanctuaire, jusqu'à cette voix solennelle qui publie, du sommet de nos églises, la louange de Dieu, et convoque aux pieds des autels tous les membres de la grande famille.

» Et pour ne parler aujourd'hui que de la cloche, puisqu'elle est tout l'objet de cette solennité, qui ne sait combien sont vifs et populaires les sentiments qu'elle a le privilége de réveiller dans les cœurs! »

Mais d'où vient ce privilége? Le savant Prélat nous l'apprend, en rappelant ce qu'il y a de touchant et de patriotique dans l'origine de la cloche, dont on attribue l'introduction dans nos églises à notre illustre et saint compatriote Paulin, de Bordeaux : « Mais ce qui nous la rend, par-dessus tout, digne de nos hommages et de notre admiration, ce sont ses harmonies avec la religion, les arts, la patrie, la nature et la société ; ses rapports avec le ciel et la terre, avec toutes les joies, toutes les douleurs de l'humanité. Ce qui constitue la cloche, ce sont ses relations divines, humaines, sympathiques, morales, poétiques ; ce sont les idées qu'elle réveille, les émotions qu'elle fait naître ; c'est l'écho et le retentissement qu'elle a dans les cœurs. Or, la cloche, prise dans ce sens élevé, et c'est le point qu'il nous importe de constater, et qui se place en dehors de toutes les opinions, la cloche ainsi entendue est toute d'inspiration et de création catholique. » C'est tout un symbole de doctrine, tout un code de morale.

Grande et sublime idée! Et, on le sait assez, une telle définition de la cloche change les proportions de ce discours, et l'élève tout à coup à la hauteur des enseignements les plus graves de la philosophie et de la religion.

Après un développement plein de grâce, que nous n'osons reproduire dans la crainte de l'altérer, le Cardinal a expliqué avec bonheur ce nom, impropre sans doute, mais expressif, de *baptême,* que le peuple a donné à cette touchante cérémonie de la bénédiction des cloches, comme s'il leur attribuait une âme vivante et les supposait douées d'intelligence et de sentiment ; expression inexacte, sans doute, et dont l'acception ne saurait être prise dans son sens religieux. Avouons, toutefois, que cette locution populaire serait justifiée, si elle pouvait l'être, par l'appareil que déploie l'Église à cette occasion. Dans quelles autres circonstances lui voyons-nous étaler plus de pompe et de solennité? Concours du peuple, convocation d'un nombreux clergé, la présence de toutes les autorités d'une grande ville, choix d'un parrain et d'une maraine, — et tout le monde nomme ici le chef puissant du plus bel empire du monde, sa noble et son auguste compagne, si dignement représentés l'un et l'autre par l'édile en possession, depuis tant d'années, de l'estime et de la confiance de ses concitoyens, et la digne épouse du chef vénéré de notre magistrature......; — les vapeurs de l'encens, les chants sacrés, les longues prières, aspersions et ablutions fréquentes, imposition des noms des saints, onctions répétées. A cet air de fête et de triomphe dont elle se montre parée, cet emploi de ce qu'elle a de plus saint et de plus vénérable, ne dirait-on pas que l'Église va procéder au baptême de l'un de ses enfants?

Mais la cloche a aussi des rapports merveilleux avec les sciences et les arts. N'est-elle pas elle-même une véritable œuvre d'art, un merveilleux instrument, le plus solennel de tous les instruments? un poème, un ensemble de perfections, et même une œuvre qui touche à tous les arts : au dessin, à la gravure, à la musique, à la mécanique, à la dynamique? Mais, à part ces considérations, prises dans le sujet même, qui ne voit tout ce qu'elle a apporté de grandeur à la reine des arts, l'architecture; tout ce qu'elle a ménagé de ressources et fourni d'inspirations au génie de la sculpture et de la statuaire? Sans la cloche qui doit les dominer pour parler de plus haut et de plus loin, nos temples auraient-ils pris leur essor vers le ciel ? Aurions-nous les deux flèches de Saint-André et les ravissants clochers de Saint-Émilion, d'Uzeste, de Bazas et de Loupiac?

Puisque tel est le mérite artistique des cloches, « ils étaient donc, s'écrie, dans un saint enthousiasme, l'auguste Prélat, ils étaient donc non moins ennemis des beaux-arts que de la vraie foi, les terribles niveleurs qui, se voyant petits, s'avisèrent, pour se grandir, de faire descendre à leur mesure tout ce qui dépassait leur taille de pygmées, renversant églises et clochers? »

Nous avons pu recueillir de la bouche de Son Éminence quelques détails sur les proportions et les qualités sonores du nouveau Bourdon. — Son poids est de onze mille kilogrammes environ : c'est un peu moins que ses aînés de Sens et de Paris, mais un peu plus que ses frères de Lyon et de Marseille. Ceux qui l'ont entendu pendant les quelques semaines qu'il a passées sur le sol natal (au Mans) lui ont déjà fait une belle réputation. Son diapason est le *fa* naturel. La résonnance, à l'intervalle de quart à l'aigu, est en *si* bémol; si l'octave grave sort un peu faiblement, l'octave à l'aigu est d'une grande puissance.

« C'est maintenant, ajouta aussitôt le Cardinal, aux autres églises à suivre l'exemple qui leur est donné dans ce jour. Déjà les paroisses de Sainte-Croix et de Saint-Seurin s'étaient mises à la tête de ce pieux mouvement. Puissent bientôt les campaniles de nos cités et de nos campagnes, roulant d'une église à l'autre leurs flots de mélodie, se mêler, se confondre, se perdre les uns dans les autres, et, s'harmonisant dans un magnifique concert, ne faire qu'une grande et solennelle voix, chargée de porter au ciel ces élans religieux et patriotiques pour lesquels aucune langue humaine n'a de paroles? »

Pourquoi notre mémoire nous fait-elle défaut! Nous aurions voulu citer en entier ce beau passage sur les souvenirs touchants que réveille dans tous les cœurs le son des cloches, et sur les services précieux rendus par elles à la famille et à la société tout entière.

Pour le marin, pour le soldat qui revient après une longue absence, elle rappelle la patrie, le village, le foyer paternel. La naissance et le baptême de l'enfant, la joie du mariage, les larmes de l'agonie, la prière pour les morts, voilà pour la vie de famille.

Pour la cité, pour la patrie, cri d'alarme dans les dangers, cri de joie dans les triomphes et les fêtes : les cloches établissent entre tous les habitants d'un même pays une solidarité sainte et toute patriotique.

Mais leur triomphe, leur plus belle gloire est dans leur rapport immédiat au service divin : « Elles viennent, dès l'aurore, protester, par leurs balancements animés, contre les violations qui affligent si profondément toutes les âmes restées encore fidèles au culte de leurs aïeux. A quels autres signes pourrait-on quelquefois distinguer le grand jour du Seigneur des autres jours de la semaine, si la cloche se taisait, si son infatigable voix, dominant le bruit de la cité, le tumulte du monde et ses fêtes profanes, ne se faisait entendre à ceux qui oublient que le dimanche, chez tous les peuples chrétiens, est un jour de prière, d'actions de grâce et de repos? qu'en ce jour, il faut non point labourer les champs et recueillir les moissons; qu'en ce jour de trêve et de prière, l'homme cesse de travailler le bois, le fer et la pierre, le marchand d'étaler, et que toutes les âmes doivent s'unir dans un seul sentiment, exprimé par ces paroles du roi-prophète : *Mon cœur a tressailli à cette nouvelle heureuse qui vient de m'être annoncée : nous irons dans la maison du Seigneur.* Vous ne nous demanderez donc plus, Nos Très-Chers Frères, pourquoi une cloche nouvelle à Bordeaux ? Ah ! c'est que j'en avais besoin comme d'un auxiliaire puissant, pour que sa grande voix, s'unissant à la mienne, allât vous trouver partout où je ne puis vous atteindre. »

Il nous serait difficile de rendre l'ardeur de zèle, de conviction profonde, de dévouement avec lesquels ont été prononcés ces derniers mots, et l'impression qu'ils ont produite sur tous les auditeurs.

Aussi le recueillement a été plus grand encore, les sympathies plus vives et l'émotion plus profonde, lorsque le saint Prélat, oubliant toutes ses grandeurs pour ne plus penser qu'à sa paternité spirituelle des âmes, nous a conjurés, en termes que le cœur et le zèle inspirent quelquefois subitement et que la plume trop froide se refuse à reproduire, de songer à notre salut, et à notre éternité que cette Cloche sonnera !

On aurait volontiers versé des larmes, et nous en avons vu couler, lorsqu'en terminant nous avons entendu ces paroles pleines de cœur, de grandeur et de simplicité : « Jaloux de vous exhorter par mes exemples plus encore que par mes paroles, et pour vous payer à mon tour un tribut de reconnaissance pour le concours généreux que vous m'avez prêté dans toutes mes entreprises, j'ai osé tenter à l'égard de ce monument une œuvre de restauration qui m'a coûté seize ans de démarches, de luttes et de rudes combats. Il ne nous reste plus qu'à lui restituer sa couronne d'honneur, dont les Vandales modernes la dépouillèrent dans les jours mauvais.

» Pour toute grâce et comme preuve d'impérissable souvenir, permettez que je vous demande, quand vous entendrez sonner cette Cloche après ma mort, d'accorder une courte mais fervente prière pour celui qui vous aima comme un père et comme le meilleur de tous les amis, ainsi que pour tous les bienfaiteurs qui nous ont prêté leur concours. »

Vous serez exaucé, pieux Prélat ! Vous aurez dès maintenant prières et reconnaissance, et nous n'attendrons pas l'époque triste pour nous que vous avez fixée.

Qu'elle prenne sa place jusque dans les airs, cette *voix pleine de force et de vertu,* destinée à porter les terreurs ou les joies de l'avenir dans la solitude de nos consciences ! Qu'elle s'élève avec nos vœux et nos cœurs vers le ciel ! Que bientôt elle nous fasse entendre ses sons majestueux, et, en même temps, qu'elle redise à tous les échos du ciel et de la terre la puissance et la bonté du Seigneur ! Qu'elle sonne les gloires et les prospérités de notre belle France ! Qu'elle sonne l'union de tous les Bordelais dans une même foi, une même espérance, un même amour ! Qu'elle sonne, pour récompense de leur charité, une ère nouvelle de prospérité maritime et industrielle qui rende à son commerce son ancienne splendeur! Oui, airain devenu sacré par la bénédiction du Pontife, sonne désormais pour toujours la vigilance active des pères, la sollicitude éclairée des mères, le respect et la docilité des enfants ! Sonne l'union, la concorde et la paix des familles, la nécessité des bonnes œuvres, la sanctification du dimanche, la fidélité au devoir pascal ! Sonne pour le pauvre la résignation et l'espérance ; pour le riche, la charité et le bon exemple ! Sonne pour les malades la santé ; pour ceux qui pleurent, des consolations ; pour les exilés, le retour ! Sonne pour nos belles campagnes la cessation du fléau qui vient de les atteindre ! Sonne pour tous l'amour de la patrie, le respect de l'autorité, la pratique du devoir et toutes les vertus qui font les peuples grands et heureux !

A cinq heures, la cérémonie était terminée ; mais la fête durait encore. Elle durait, la joie peinte sur tous les visages et par les feux dont s'illuminèrent soudain et la Tour et la Cathédrale. Elle durera longtemps par le souvenir, et ce 8 août 1853 sera désormais une époque dans l'histoire de la ville de Bordeaux.

Bordeaux, 9 août 1853.

Léon VILLAS.

NOTICE
SUR PEY-BERLAND

ARCHEVÊQUE DE BORDEAUX,

Publiée

à l'occasion de la cérémonie du 8 août 1853.

Souvent, en traversant notre belle cité, je me suis pris à contempler cette tour grandiose qui se tient debout comme une sentinelle près du chevet de la cathédrale; j'admirais ses clochetons dentelés, ses gracieuses galeries et ses moulures délicates. Ce monument dut être beau avant qu'un marteau sacrilège l'eût découronné. Il est d'un temps bien éloigné, bien différent du nôtre. Ce temps, c'est le moyen-âge, époque d'une foi vive et d'un héroïsme qui enfantait les merveilles. Alors, tous les cœurs étaient chevaleresques, généreux, ardents; alors, on travaillait d'abord pour Dieu, et puis pour la gloire;

alors, les mères disaient à leurs enfants : « Crains Dieu, beau fils, aime ton pays, et fais le bien. » C'est dans ce beau siècle que fut élevé ce monument, objet de notre admiration.

A cette tour est attaché un nom que les lèvres du peuple ne prononcent qu'avec amour et respect. Pey-Berland est dans toutes les bouches; le souvenir de ses vertus vit dans tous les cœurs. Or, j'ai voulu connaître cet homme dont la mémoire sainte et vénérée a traversé les siècles et les générations, et que Bordeaux reconnaissant honore comme un père. J'ai feuilleté l'histoire, j'ai consulté les vieilles chroniques, j'ai prêté l'oreille aux voix populaires. Ai-je été heureux dans mes recherches?... Je n'oserais l'affirmer.

On était à la fin du xive siècle; Bordeaux depuis longtemps subissait le joug étranger. La guerre terrible qui mit aux prises, durant plus de cent ans, la France et l'Angleterre, était commencée. La Guienne, la plus importante des possessions anglaises sur le continent, fut souvent arrosée du sang des deux peuples; chacun d'eux voulait avoir cette belle province. Bordeaux eut donc beaucoup à souffrir de cette longue lutte ; mais le ciel lui préparait un ami, un consolateur, un père.

A quelques lieues de la ville, dans une paroisse du Médoc, nommée Saint-Pierre-d'Avensan, un jeune enfant gardait les troupeaux. Dans sa famille, on le nommait *Pey,* et son père avait nom *Berland.* Le jeune pâtre se faisait déjà remarquer par une innocence candide, une piété tendre, et surtout par un grand amour pour l'étude. Souvent il se dérobait à la garde de son petit troupeau pour aller, à l'insu de ses parents, apprendre à lire et à écrire à une lieue du village natal. On ne tarda pas à découvrir son innocent artifice. Loin de contrarier ses goûts, ses parents, pauvres mais chrétiens, s'imposèrent des sacrifices pour les seconder. Que savaient-ils ? peut-être Dieu avait choisi leur enfant pour en faire un jour son ministre. Le jeune Pey fut d'abord envoyé à Bordeaux pour y apprendre la grammaire, puis à la célèbre université de Toulouse, où ses talents et ses vertus acquirent un heureux développement. Après avoir pris les grades de bachelier en droit canon et reçu les ordres sacrés, il revint à Bordeaux. L'archevêque François II le nomma son secrétaire, et s'en fit accompagner au concile de Pise, ouvert en 1409. Ce fut durant ce concile que Pey-Berland perdit, en la personne du digne archevêque, un père qu'il aimait tendrement ; et François II, en mourant, récompensa ses services, en lui donnant un canonicat dans sa cathédrale de Bordeaux. Avant de revoir la France, Pey-Berland voulut accomplir un projet qu'il caressait depuis longtemps : c'était d'aller en Terre-Sainte prier sur le tombeau du Sauveur. Ces pieux pélerinages étaient, on le sait, fort en usage dans ces siècles d'héroïsme et de foi. Des hommes de tous les rangs et de tous les âges passaient les mers pour aller vénérer les saints Lieux ; et bien souvent on vit le guerrier repentant frapper sa poitrine à coté de l'humble anachorète, le tyran criminel pleurer auprès du vassal opprimé. Les uns allaient y chercher le pardon de leurs crimes, les autres l'accroissement de leurs vertus ; puis ils se retiraient tous la joie au front, la paix au cœur. Pey-Berland, lui aussi, âme tendre et sensible, voulut aller s'épurer à la source sacrée. Prêtre de Jésus-Christ, il demanda l'humilité à la Crèche, la charité au Calvaire.

A son retour de la Terre-Sainte, Pey-Berland reçut de David de Montferrand, successeur de François II, la cure de Bouillac. Mais Dieu avait des vues plus hautes sur son serviteur; il ouvrit bientôt un champ plus vaste à son zèle. David de Montferrand mourut, et Bordeaux voulut avoir Pey-Berland pour pasteur. Sa modestie eut beau protester, il lui fallut charger sur ses épaules le fardeau de l'épiscopat (1430). Le nouvel archevêque se voua tout entier aux devoirs de sa dignité; sa vie épiscopale ne fut qu'un exercice continuel des plus hautes vertus. Son premier soin fut de visiter son diocèse. Partout il maintenait ou rétablissait la discipline, mais avec une douceur qui lui gagnait tous les cœurs. Les fureurs de la guerre n'arrêtaient pas ses courses apostoliques; sa parole aimable et persuasive faisait tomber les animosités et les colères, et son esprit conciliant prévenait souvent les collisions prêtes à éclater entre les partis qui divisaient alors les villes et jusqu'aux simples hameaux.

Il s'appliqua aussi à répandre partout l'instruction et la piété. C'est à ses soins empressés que Bordeaux fut redevable de l'établissement d'une université dans son sein : lui-même, il en dressa les statuts ; lui-même, il obtint un rescrit du pape Eugène IV pour cette érection (1441). A cette fondation importante, le saint Pontife en ajouta une autre non moins digne de son zèle : il établit à Bordeaux le collége Saint-Raphaël avec douze bourses, dont six étaient destinées à des enfants du Médoc. La *Chronique bordelaise* indique le but de cette création de bourses d'une manière naïve et quelque peu singulière : *Au bout du temps d'études préfix*, dit-elle, *ou plus tôt, si les dits écoliers sont d'âge et le désirent, ils seront tenus de se faire prêtres et servir à l'église.* Pour atteindre plus sûrement le but que s'était proposé Pey-Berland, l'archevêque Prévost de Sansac érigea, l'an 1583, le collége Saint-Raphaël en séminaire.

Dans cette haute position où la Providence l'avait placé, Pey-Berland n'oublia pas la chaumière où il avait pris naissance : il y fit construire une chapelle, et il aimait à y venir prier. Là, l'archevêque de Bordeaux se rappelait le jeune pâtre d'Avensan. Son immense charité soulageait toutes les infortunes qui, à cette époque, étaient grandes et nombreuses. Chaque jour, son aumônier parcourait les rues de la cité.

allant à la recherche des nécessités honteuses, des infortunes cachées, rassemblant les pauvres, visitant les malades, donnant à tous le pain et l'espérance, et recevant de tous des bénédictions qu'il rapportait au pieux archevêque. Mais un jour il revint au palais le front triste et abattu : c'était avant la fin de la lutte entre la France et l'Angleterre. La guerre refoulait dans la cité les malheureux habitants des campagnes, qui, fuyant leurs chaumières embrasées et leurs champs dévastés, venaient en pleurant demander un asile et du pain pour eux et pour leurs petits enfants. Pleins de confiance en la charité du Pontife, ils environnèrent son palais, et leurs cris plaintifs, leurs sollicitations touchantes, apprirent à Pey-Berland que la Providence venait de lui envoyer de nouvelles infortunes à soulager, de nouveaux maux à guérir. Il ne vit, en effet, dans cette augmentation subite du nombre des pauvres, qu'un accroissement naturel de sa grande famille, que de nouveaux enfants qui venaient s'asseoir à sa table, et il en bénit Dieu. Mais, en soulageant leur misère, il voulut occuper leurs bras : c'était leur faire deux fois l'aumône. La cathédrale, couronnée de ses deux flèches gracieuses, manquait cependant d'un clocher assez fort pour recevoir une sonnerie digne de la noble cité de Bordeaux. Alors s'élevaient de toutes parts cette foule d'édifices, chefs-d'œuvre d'un art inspiré par la foi. C'était l'époque des entreprises merveilleuses, des constructions hardies; toutes les grandes âmes, tous les esprits supérieurs se portaient vers ce genre de gloire. Pey-Berland n'était point au-dessous de son siècle; lui aussi aimait les arts; lui aussi avait un génie noble et élevé. Il voulut doter son église et sa cité d'un monument digne de cet âge héroïque. La foi en conçut le dessein, et la charité l'exécuta. Il rassembla autour de lui cette multitude d'infortunés dont il était l'unique soutien, leur donna du pain, des vêtements; et comme ils tendaient vers lui leurs bras avec amour, le nommant leur bienfaiteur, leur père : « Votre père est là haut, leur dit-il, en leur montrant le ciel; c'est lui qui vous nourrit. Vous voyez ces pierres : il faut que vos mains les façonnent, les élèvent les unes sur les autres, et qu'un magnifique monument aille porter jusqu'aux cieux le témoignage de votre reconnaissance. » Aussitôt, des milliers de bras sont à l'œuvre : c'était en 1440. Quatre ans après, la tour de Pey-Berland, gracieuse, rayonnante, élevait au-dessus de la cathédrale et de la cité ses élégants clochetons et sa flèche aérienne.

Cependant, la guerre et les fléaux qu'elle traîne après elle devaient avoir un terme. Le ciel se déclara enfin pour la France; les armes victorieuses de Charles VII repoussèrent les insulaires du conti nent; la victoire de Castillon et la mort de Talbot ouvrent à Dunois les portes de Bordeaux. Les anciens sujets des rois d'Angleterre reconnurent dans les Français de vieux amis et des frères; ils se jetèrent dans les bras les uns des autres. Pey-Berland vit avec bonheur cette réconciliation tant désirée; il signa, de concert avec les jurats, le traité qui réunissait Bordeaux au reste de la France, et, quelques jours après, Charles VII y apposa lui-même, à Saint-Jean-d'Angély, sa signature royale.

La guerre terminée, il semble que le saint Pontife ne devait songer qu'à goûter avec son troupeau les douceurs de la paix; mais tant de sollicitudes, tant de travaux avaient épuisé ses forces. Courbé, avant l'âge, sous le poids des infirmités de la vieillesse, il termina sa vie par un acte d'humilité. Il résigna son titre, quitta son palais archiépiscopal et se retira à Saint-Raphaël, au milieu de ses enfants chéris. Il y mourut un an après, en 1457, emportant les regrets et l'admiration de son peuple. On l'ensevelit dans la cathédrale, où son tombeau se voit encore derrière le chœur, avec une épitaphe qui rappelle ses fondations et ses vertus (1).

Le peuple l'avait honoré, pendant sa vie, comme un saint; il l'invoqua, après sa mort, comme un patron. Pendant longtemps, on apporta des offrandes sur sa tombe, et des miracles obtenus par ses prières firent entreprendre le procès de sa canonisation. Le pape Pie II chargea de l'enquête les évêques de Bazas et de Périgueux. Louis XI apportait beaucoup d'intérêt à cette affaire; elle fut abandonnée après la mort de ce prince.

---

(1) Son Éminence Monseigneur le Cardinal Donnet, qui ne laisse échapper aucune occasion d'honorer la mémoire de ses prédécesseurs, a découvert, dans une de ses pérégrinations apostoliques, au milieu des landes de Castelnau, un petit berger du nom de Pierre Berlan; il le fait élever, depuis deux ans, au Séminaire de Bordeaux.

Mais si Pey-Berland n'est pas sur les autels, il est dans tous les cœurs bordelais. Il vivra parmi nous par le souvenir de ses vertus, et par cette Tour majestueuse, monument de sa charité, de sa foi et de son génie. Mais, hélas ! si on ne pouvait passer près de cet édifice antique sans éprouver un serrement de cœur ; si le deuil et le silence l'ont habité soixante ans ; si des constructions ignobles, de disgracieuses habitations ont semblé vouloir étreindre, étouffer le géant ; si l'œuvre du saint archevêque a été profanée, la cathédrale déshéritée d'une de ses gloires, et si les sueurs de nos pères avaient cessé de profiter à leurs enfants, cette horrible profanation vient d'avoir un terme : l'injustice du temps et des révolutions est réparée. Le Puy-Berland a recouvré sa voix solennelle, et de ses flancs trop longtemps muets s'échappent aujourd'hui des flots d'harmonie, qui, se balançant dans les airs, courent au-dessus de la cité, allant, çà et là, éveiller dans leurs tours les sonneries de nos églises. Ainsi, le clocher de la vieille basilique, masse inerte si longtemps, cadavre sans vie, a recouvré la vue par la démolition de l'ignoble maçonnerie qui bouchait ses fenêtres; son âme lui est revenue au jour même de la grande solennité, qui rappelle le triomphe de la Reine des cieux et la fête du Souverain intelligent et généreux qui a bien voulu accepter le titre de parrain de la nouvelle et magnifique Cloche du *Puy-Berland,* seule dénomination que lui donnaient nos pères. Aussi, la cité tout entière éprouve un frémissement de joie; l'antique cathédrale a cru rajeunir ; ses vitraux gothiques unissent aux vibrations de l'airain sonore leurs vibrations joyeuses ; et au fond de sa tombe, la cendre de Pey-Berland s'est ranimée, son doux regard s'est mouillé de larmes de joie, sa main a semblé étreindre la main de celui de ses successeurs qui venait, après plus de trois siècles, s'associer à son œuvre avec un zèle si intelligent, si actif et si persévérant, qu'un rêve est aujourd'hui une réalité. A qui le diocèse et la cité doivent-ils ce nouveau bienfait ?....

Le marbre ou le bronze diront aux générations futures que la religion et les arts ont confondu, vers le milieu du xixe siècle, dans leur reconnaissance et leur amour, les dates de 1443 et de 1853, en inscrivant sur une même pierre les noms de Sa Grandeur Monseigneur Pierre Berland, archevêque de Bordeaux, primat d'Aquitaine ; et de Son Éminence Monseigneur Ferdinand-François-Auguste Donnet, cardinal de l'Église romaine, du titre de Sainte-Marie *in via*, archevêque de Bordeaux, primat d'Aquitaine et sénateur.

Bordeaux. Imp. de Mme VEUVE CRUGY.

www.ingramcontent.com/pod-product-compliance
Lightning Source LLC
Chambersburg PA
CBHW060517050426
42451CB00009B/1039